大家小书
篆刻　王兴家

新编历史小丛书·史话

报刊史话

方汉奇 著

北京出版集团
文津出版社
贵州出版集团
贵州人民出版社

目　　录

报刊是报纸和期刊的总称。它是一个阶级、一个群体、一个政党宣传自己的思想主张，维护他们的观点和利益，同敌对的力量作斗争的锐利武器。

用今天的概念来说，报纸是以刊载新闻和评论为主的定期出版物，多数每天出版；期刊也叫杂志，是定期或不定期的成册的连续出版物。但是，在20世纪20年代以前，报纸和期刊的界限并没有划分得这样清楚。有些属于期刊性质的出版物，当时也往往称为报纸，或者统称为报刊。下面向大家介绍的有关报刊的历史，也没有去严格地区分哪些是报纸，哪些是期刊。

明朝万历年间的邸报剪影
（山西集报爱好者苗世明收藏）

一、早期的报纸

（一）封建王朝的邸报

我国古代的报纸，起始于公元8世纪初叶唐玄宗开元年间（713—741年），史称“开元杂报”，它是地方派驻首都的进奏官向他们的地方长官分别发送的。早期的这类杂报还带有“新闻信”的性质。到了宋朝后，才有了正式的官报发行制度，即由门下省编定后，交各地派驻首都的进奏官分发到各地。这类官报，以后的各个封建王朝也大多出版，有时被称为“朝报”“邸钞”“杂报”“条报”等，但因为是由邸[1]负责发布的，多数情况下被统称为“邸报”。

邸报的内容，主要是皇帝的命令文告，臣下给皇帝的奏章[2]，以及官吏的任免消息。封建统治者发行它的目的，是为了向官员们传达政令，通报消息，起到维护和巩固他们的统治的作用。

历代的封建统治者都很重视邸报的出版工作，往往派当权的大臣决定邸报的稿件哪些该发，哪些不该发，有时候甚至由皇帝亲自审定。例如，南宋（1127—1279年）初期，金军[3]经常攻打到黄河以南。宋高宗（1127—1162年在位）一心向金朝统治者妥协投降，不愿意人民和一部分将领起来抵抗。因此，他就禁止在邸报上透露有关金军侵扰的消息。又如，明朝（1368—1644年）末年，陕西北部的农民纷纷发动起义，其中以李自成和张献忠领导的两支农民军的力量最为强大。正当他们为最后推翻明朝的政权而斗争的时候，我国东北境内的清朝④统治者也加紧了对明朝的进攻。明朝崇祯⑤皇帝一方面害怕人民起来响应起义，一方面准备暗中同清军议和，以便腾出手来集中力量打击农民起义军。因此，崇祯皇帝也曾经禁止在邸报上发表有关李自成、张献忠等农民起义的消息，禁止发表他私下同清军议和的消息。当时，有一个名叫陈新甲的兵部尚书[⑥]，就因为在邸报上泄露了明、清的谈判消息，终于被崇祯皇帝处死。

邸报一般只在封建政府的各级机构里传阅，并不公开出售。因此，只有政府官员和地方上有权势的人才有资格和机会看到邸报。

（二）宋朝的小报

北宋（960—1127年）末年，出现了一种被当权的统治者认为“非法”的报纸，叫作“小报”。小报主要是由一些中下级政府官员和书铺的主人秘密发行的。当时人们私下把它叫作“新闻”。从此，“新闻”这个名词就和报纸联系了起来。

小报的内容，主要是邸报上不准备发表或者还没有发表的消息和文件，如官吏的任免、某些大臣的奏章等。小报的出版，很受一些政府官员和地主阶级知识分子的欢迎，因为他们从小报里可以更快、更多地知道一些内幕消息和政治动态。

由于统治集团里各派系间存在着矛盾，小报也经常被用作打击对手的工具。例如，有一次小报上忽然登出了宋徽宗[⑦]责骂蔡京的诏书[⑧]，当时很多人都信以为真，后来才知道这封诏书是反对蔡京的人假造出来的。又如，南宋初期，金军严重地威胁着汉族地主阶级的统治。那时候，奸臣秦桧掌握南宋政府的大权，他一贯主张妥协投降，压制人民和部分官兵的抗金斗争。一些主战派官员就利用小报进行反对妥协投降的宣传。有个主战派官员名叫胡铨，向宋高宗上了一本奏章，要求杀掉秦桧。这本奏章，邸报没有发表，而小报却全文刊登了。当时的邸报封锁了北方人民和部分官兵奋勇抗金的消息，而小报却报道得很详细。

小报的出版，使反动懦弱的当权派大臣非常恼火。他们宣布小报是非法报纸，从开封府悬赏捉贼的专款中，拨出一千贯（每贯一千文钱）作为缉捕小报发行人的奖金。小报发行人如果被捕，除了罚款以外，还要被押到边远的地方去服劳役。但是，这一切手段都没有能够根绝小报的出版。

宋以后，元、明、清各朝都有类似小报的所谓“非法报纸”出现，各朝的封建政府也都严令禁止。

（三）明朝的报房和京报

明朝后期，统治者为了更广泛地传布政令，准许民间的出版商抄录“邸报”，翻印出售。这种报纸一般称为“邸报”，有时也被人们混称为“邸钞”。出版邸报的机构，叫作“报房”。

明朝的报房大都设在北京。北京的第一家报房出现在明神宗万历年间（1573—1620年）。到明朝末年，南方各地也都有了报房。

同官办的邸报一样，京报也以刊载皇帝的命令、大臣的奏章和官吏的任免及科举考试发榜的消息为主，有时也偶尔出现一些社会新闻。例如，在1626年5月30日（明熹宗天启六年五月初六）[9]出版的一份邸报上，就曾经报道过北京一个火药库爆炸的新闻。据云，这次爆炸毁坏了内城西南角的房屋几万所，居民伤亡一万多人；爆炸的时候，东、西长安街一带，不断有人头和血肉淋漓的肢体“从空飞坠”，德胜门外“坠落人手人脚更多”，石驸马大街有一对五千斤重的石狮子也被震飞到现在的宣武门外，等等。这显然是被过分夸大了。

由于交通不便，外地的读者往往要在几天甚至几十天以后，才能看到北京报房发出的京报。江苏、浙江一带大约要二十二天到二十八天，四川一带大约要三十天到三十五天。1644年（崇祯十七年）三月十九日北京出版的邸报，直到四月二十一日才送到杭州。当地的人们读了这一天的报纸，才知道李自成攻进北京及崇祯皇帝自杀的消息。

明朝统治者对邸报的控制非常严格。凡是有水旱灾害（封建统治者迷信这是上天对他们的警告）、农民起义和别族入侵等消息，都不准刊载，只准刊载粉饰太平的官样文章。

清朝时期，仅北京一地就有报房十几家。著名的有集文、聚升、合成、杜记等字号，所出的报纸大都叫京报，只是在报名的下端加盖一个所属报房的图记，以示区别。这些京报以汉文的为主，也有少量是满文的。内容都选自皇宫发布的公报，所以大同小异。

那时候的京报都是日刊，每天出一小册，用土纸在刷有煤屑水的泥版上印刷，字迹往往不很清晰。到清朝末年，也有用木刻活字或铅字排印的。各种京报的封面一般都用黄纸，所以当时的人也称它为“黄皮京报”。

（四）农民起义军中类似报刊的宣传手段

我国历史上有过大小几百次反抗

封建剥削和统治的农民起义。由于物质条件的限制，农民起义军还不可能出版报刊，但是他们往往会运用同报刊相类似的手段进行宣传。例如，元末浙东一带的农民曾经把写有“天高皇帝远，民少相公多。一日三遍打，不反待如何？”等词句的旗子插在村头，鼓动大家起来反抗。

明末的农民起义军在此基础上创制了“旗报”。这是一种把文字写在布旗上的战报，上面载有起义军的政策、法令和获胜的消息，由专人持往敌后进行宣传。这种旗报在李自成起义军中很盛行。还有一种把文字写在木牌上的“牌报”，内容和旗报相同。李自成起义军在打到大同和昌平一带的时候，都曾向河北北部和北京等地发布这类战报，号召人民支持和响应起义军的斗争。

揭帖是历代起义农民常用的另外一种宣传手段。它最早出现于唐朝，称为“匿名帖子”，秘密张贴或散发在公共场所，进行宣传鼓动。明末松江地区的农民在反对豪绅地主董其昌的斗争中，也使用过揭帖。张献忠起义军则经常利用揭帖进行动摇和瓦解敌人的宣传。有一次，明朝政府的兵部尚书杨嗣昌领兵进驻重庆，派人到处张贴布告说：有能杀死或捉住张献忠的，封给侯爵，赏金万两。不久，在城内和杨嗣昌的驻地发现张献忠派人到处张贴的揭帖，上面写道：有杀死杨嗣昌来降的，赏银三钱！这张揭帖吓得杨嗣昌魂不附体。以后，在1841年广东三元里人民的反英斗争中，在19世纪后半叶湖南等地人民的反洋教斗争中，以及1900年前后义和团反对帝国主义的斗争中，这种形式的揭帖都曾被广泛使用。

太平天国[10]的革命者主要用散发自己编印的各种小册子进行宣传。他们在天京（今江苏南京）设有刷书衙，在流动作战的部队中设有镌刻营，专门负责出版这类宣传小册子，先后出版了六十种以上。各部队中还设有正副疏附官，负责通报消息和传递文书。太平天国后期，曾经有过创办近代化报纸——“新闻篇”——的计划。可惜的是这一计划还没有来得及实现，太平天国革命就失败了。

注释：

①邸：是封建时代中央政府设在首都的招待所，外宾或地方官员到首都朝见皇帝或办公事就住在那里。

②奏章：我国封建时代，臣下给皇帝陈述意见或报告情况的书面文件叫作奏章。

③金人，原来叫作“女真人”，住在松花江流域和黑龙江下游一带。12世纪初年，女真人的首领阿骨打建立了金朝。以后，金朝的势力不断扩张，一直发展到黄河流域。1127年，金朝统治者灭掉了北宋，以后，又严重地威胁着南宋的政权。

④清：满族人的首领皇太极在1636年建立的国号。1644年明朝覆亡以后，清朝继明统治中国近二百七十年。

⑤崇祯：明朝第十六代皇帝（1628—1644年在位）。1644年，李自成领导农民起义军攻入北京，崇祯奔上景山自杀，明朝被推翻了。

⑥兵部：官署的名称，负责掌管全国武官的选用和兵籍、军械、军令等事务。兵部尚书：兵部的最高长官。

⑦宋徽宗：北宋第八代皇帝（1101—1125年在位）。他任用蔡京主持国政，对内残酷地剥削人民，对外向金朝采取妥协政策。1125年，金军攻打北宋，蔡京带领全家逃到南方，不久死在潭州（今湖南长沙）。1127年，宋徽

宗被金军俘获，后来死在五国城（今吉林扶余）。

⑧诏书：皇帝下的命令。

⑨本书用汉字记日、月，表示农历；用阿拉伯数字记日、月，表示公历。

⑩太平天国革命：发生在1851年，领导人是洪秀全。这次革命坚持了十四年，势力扩展到十七省，它严重地打击了清朝统治者、地主阶级和外国侵略者，是我国历史上规模最大的一次农民革命。

二、外国列强在我国的办报活动

（一）文化侵略的重要工具

19世纪初期，外国侵略者把报刊作为对我国进行文化侵略的一项重要工具，在我国创办了一批近代化的报刊。这种报刊不仅有自己编写的新闻、评论，而且刊登了广告，印刷也比较讲究。

1807年，一艘运载鸦片的美国商

船免费把一个英国传教士马礼逊送到我国来。马礼逊在华南沿海和南洋一带开展活动。1815年8月5日，他在马来西亚的马六甲创办了一份汉文期刊《察世俗每月统记传》。这是一份月刊，用木版雕印，每期五页，两千多字，免费送给南洋一带的华侨和我国内地的知识分子阅读。到1821年停刊为止，它一共出了八十多期。

此后，外国侵略者又陆续创办了一些报纸，扩大侵略宣传。1822年9月12日，葡萄牙人在澳门创办了葡文周刊《蜜蜂华报》，这是外国人在中国境内出版的第一份近代报纸。1833年，德国传教士郭士立在广州创办《东西洋考每月统记传》，这是在我国境内出版的最早的近代化中文报纸。

这一时期，外国侵略者在我国办报大都由传教士出面，他们以宣传宗教和介绍科学知识作掩护，竭力在我国读者中间灌输奴化思想，劝说读者容忍外国侵略，不要作任何反抗，从精神上解除他们的武装。

这些传教士除了从事传教、办报等公开活动以外，背地里还干着许多危害我国人民利益的罪恶勾当。例如，马礼逊曾经协助英国东印度公司[①]向我国倾销鸦片。郭士立给在我国做鸦片买卖的美商渣甸洋行当经纪人；后来，还一度担任过代表英国侵略军管理舟山群岛民政事务的洋官。此外，参加过《中国丛报》和《广州纪录报》编辑工作的美国人裨治文，在办报的同时还不断收集情报，提供给美国政府参考。

1840年，英国发动了侵略我国的战争。那次战争是由英国资本家硬要在我国倾销鸦片烟而引起的，因此历史上把它叫作“鸦片战争”。鸦片战争以后，外国资本主义国家纷纷侵入我国，外国侵略者在我国的办报活动也由华南沿海逐渐扩展到华北和华中。在以后的半个世纪，他们先后创办了三百多种报纸。其中用汉文出版的占大多数，主要的有《上海新报》《万国公报》《申报》《新闻报》《字林沪报》《闽报》等，大部分在上海出版。

这些报刊尽力为帝国主义的侵略行为作辩护，公开支持清朝政府的反动统治，抵制我国人民反帝反封建的革命斗争，麻痹、奴化我国人民的思想。《万国公报》就是一个突出的例子。它胡说什么帝国主义对我国的侵略是“顺天之道”，是“以有余补不足”，中国人民只能顺从，不能反抗，否则就是“逆天”。它还辱骂参加太平天国革命和义和团运动的我国人民是“贼”、“匪”和“乱民”；攻击资产阶级革命派[②]的领导人孙中山，说他“鼓煽狂言，目光如豆”。《万国公报》的编辑人员绝大部分是美、英籍的传教士，其中如林乐知、李提摩太等，都长期住在我国，是美、英帝国主义者派遣到我国来进行文化宣传活动的得力分子。

　　这些汉文报纸还用大量带有封建

毒素和低级趣味的作品，来毒害和麻痹读者。英国人在上海创办的《申报》和日本人在北京创办的《顺天时报》等，都很注意这方面的宣传。

鸦片战争以后，外国商品大量地涌入我国。不少资本主义国家还在我国开设工厂，就地制造和销售商品，掠夺我国人民的财富。这些汉文报纸提供大量篇幅给外商刊登广告，用夸大的宣传，为外商推销商品，攫取大量利润。有的报纸还在新闻和评论中给洋货做变相的宣传，有的报馆甚至公开代销洋货。

除了汉文报刊以外，外国人还在我国出版了一百多种外文报刊。这些外文报刊更是毫无顾忌地维护他们本国的利益，进行诋毁我国人民的宣传。

（二）报纸业务上的一些变革

为了扩大政治影响，增加营业收入，这些报纸在业务上曾有不断的改进。英国人在上海出版的《申报》，在这方面一直处于领先的地位。

《申报》创刊于1872年，一共出版了七十八年。在1909年以前，它一直是外商的报纸。《申报》从创刊起就很注重采访工作，除了经常指定几名记者专门采访上海本地的新闻以外，还在北京、南京、苏州、杭州、武昌、宁波、扬州等大小城市约请专人为它探听消息。每逢战争爆发，报馆还专门派出记者到前线去采访新闻。1874年，日本侵犯我国台湾，受到台湾同胞的坚决抵抗。《申报》负责人得到这条消息，特地派出记者到台湾前线去采访，把经过情形写成通讯，寄回上海发表。此后，在1884年到1885年的中法战争中和1894年的甲午中日战争中，报馆都派战地记者到前线去，把战讯尽快地报道给读者。

在通信方式上，《申报》也做了不少改进。一百多年以前，国内的交通很不方便，电报线路也还没有架设起来。驻在外地的记者发回报馆的新闻多半由邮局或轮船公司代为传递，很费时间。例如，从北京发出的消息往往要经过七八天，甚至二十几天，才能到达上海，重要的消息因此不能及时见报。1881年12月，从天津到上海全长一千四百多公里的电报线路架设完成，第二年1月开始通报。从通报那天起，《申报》就利用这种现代化的通信工具传递新闻。1882年1月16日，读者在《申报》上看到了它的记者从天津发来的一条专电，报道四天前皇帝处分一个官吏的消息。这是国内报纸上出现的第一条电讯。当时，北京和天津之间还没有通电报，从北京发往上海的电讯，要送到天津转发。1882年10月24日，在北京举行的殿试[3]发榜了。《申报》驻北京的记者把榜上的名单用快马在当夜赶送到天津，再用电报拍往上海，第二天的《申报》上就刊登了这份名单。这件事在当时曾经轰动一时，引起了很大的关注。

报纸从创刊起，每一期都有一个编号，如果发生了重大事件，需要临时印发新闻纸，就不再列入编号，叫作“号外”。1884年8月6日，正是中法战争的前夕，当时市面上谣传中、法两国的海军已经在闽江口外开火。《申报》馆根据福州记者的来电，出版了号外，告诉读者福州前线还没有什么动静。

《申报》除出版日报以外，还利用自己的印刷设备出版期刊、翻印书籍。其中最著名的是1884年创刊的《点石斋画报》。这份画报每十天出版一期，画报上，有反映当时社会生活的时事画和风俗画，也有庸俗低级和带有迷信色彩的图画。画报停刊于1898年。

注释：

①英国东印度公司：英国侵略者对印度和我国经营垄断贸易，从事殖民地掠夺的一个特殊组织，成立于1600年。

②资产阶级革命派：19世纪末和20世纪初，中国资产阶级已经分成两个政治派别：一派以孙中山为代表，主张用革命手段推翻清朝政府，建立资产阶级共和国，这是资产阶级革命派；一派以康有为、梁启超为代表，梦想实行自上而下的政治改良，不主张从根本上推翻清朝政府，这是资产阶级改良派。

③在我国封建时代，朝廷用考试的办法以选拔官吏的制度，叫作“科举

制度”。殿试是由皇帝亲自主持的在宫殿上举行的考试，这是科举制度中最高一级的考试。

三、鼓吹变法的讲坛

（一）《循环日报》的政治改良主张

19世纪60年代以后，中国民族资产阶级逐渐成长起来。一部分具有资产阶级观点的知识分子提出一些改良政治的主张。他们把办报作为宣传他们的政治主张、扩大政治影响和推动改良运动发展的重要手段。从1873年起，他们就着手办报。在此后的二十年里，他们先后创办了《昭文新报》《循环日报》《述报》等，作为自己的讲坛。这是中国人自己创办的最早一批现代化报纸。

1874年1月5日在香港创刊的《循环日报》，是公开宣传变法的第一家报纸。它出版的时间最长，影响也最大。

《循环日报》的创办人是王韬。在将近十年的时间里，王韬先后为这家报纸写了一百多篇政论，表达了他的政治观点。他认为要使中国转弱为强，除了变法以外，没有别的办法。他所谓的变法，主要指学习西方资本主义国家的生产技术，发展民族工业，以及实行英国和日本式的君主立宪政体。他的观点反映了我国新兴的民族资产阶级要求在政治上和经济上获得发展的愿望。

王韬在他的政论里，还谴责了法国发动的侵略越南和中国的战争，严厉地斥责了美国贩卖并虐待华工的暴行。

和同时期的资产阶级维新派一样，王韬也宣传了许多错误和反动的观点。他敌视农民革命，对帝国主义认识不足，对封建统治者抱有幻想。他企图通过自上而下的改良来实现他的政治主张，这实际上只能是一种空想。

王韬是我国历史上第一位报刊政论家。他的文章生动流畅，对以后的维新派报刊的政论风格有很大的影响。

（二）《中外纪闻》、《强学报》和《时务报》

1894年，日本帝国主义者发动侵略中国的战争，历史上叫作“甲午战争”。这次战争以清军惨败而告结束。此后，帝国主义各国开始在我国夺取“租借地”，划分“势力范围”，企图瓜分我国。面临严重的外患，我国资产阶级的改良运动有了进一步的发展。1895年，维新派首领康有为联合在北京应试的一千多名举人[①]给光绪皇帝（1875—1908年在位）上书，要求变法。当时，维新派的力量还很小，不少人对维新派的观点还不大了解。维新派的首领们都感到有必要组织政治团体创办报纸，来宣传他们的主张，以便吸引更多的人支持和参加他们的活动。同年8月17日，维新派在北京创刊《万国公报》。因为这个报名和外国传教士在上海出版的一种报纸名称相同，所以在刊印四个月以后，《万国公报》改名为《中外纪闻》。它是第一个改良主义政治团体——强学会的机关报，每天出版一小册，由梁启超和麦孟华担任编辑，内容有关于地理、商业、农业、矿业、财政、军政、教育和自然科学等方面的论文，还有国内外新闻的综合报道。这些材料大多是从外国报刊上摘录下来的，由编者重新改写，每期发表一两篇，篇幅长的文章则分期连载。在这些文章里，每篇都有几百字的议论，论述维新派的观点。

《中外纪闻》自己没有印刷设备，只得委托出版京报的民间报房用木刻活字代为排印，外形同一般京报非常相像。它创刊初期，每期只印一千份，后来增加到三千份。

《中外纪闻》的出版使不少知识分子开阔了眼界，知道了不少从来没有听说过的事情。有些人还接受了它的影响，由同情变法到逐渐地参加了维新派的活动。

强学会的上海分会也在1896年1月12日创办了《强学报》。这个报名反映了创办该刊物的宗旨：研究中国自强的学问。《强学报》用铅字排印，每期只登几篇论文，宣传变法维新，不刊登时事新闻。

《中外纪闻》和《强学报》的出版，引起了封建顽固势力的敌视。在北京，顽固分子不仅拒绝收看《中外纪闻》，而且追查报纸的来源。当他们知道这家报纸和康有为的关系以后，就指使一批官员向皇帝告状，要求查禁。《中外纪闻》终于在1896年1月20日被清政府封闭。上海的《强学报》也在顽固派的破坏下，只出了三期就被迫停刊了。不久，强学会也被迫解散。

《中外纪闻》和《强学报》出版的时间虽然不长，但是开创了议论时政的风气。这对于资产阶级的政治改良运动起了一些动员的作用。

强学会被迫解散以后，维新派的首领们继续进行政治活动。经过半年多的准备，他们又掀起了改良运动的高潮。从1896年8月到1898年9月，由维新派知识分子主办的鼓吹变法的报刊多达二三十种，最有名的是在上海创办的《时务报》。

《时务报》刊头

《时务报》创刊于1896年8月，是十日刊，每期二十多页。《时务报》的主要编辑是梁启超，他是维新派的首领之一，也是当时著名的报刊政论家。

《时务报》刊载的文章以政论为主，主要撰稿人除梁启超外，还有徐勤、麦孟华、严复等人，他们全面地宣传了维新派的思想观点。《时务报》支持过上海人民反对法国租界当局的斗争，谴责过洋务派大臣们的媚外活动。但是，同所有维新派的报刊一样，它还幻想某些帝国主义强国会帮助改良派实现变法，对封建顽固势力的攻击也十分软弱无力。这是由它所代表的中国资产阶级在政治上的软弱性所决定的。

《时务报》的读者主要是同情变

法的官吏、地主和资产阶级知识分子。它刚创刊的时候只发行四千多份，半年以后就增加到七千份，一年以后达到一万三千份，最多的时候曾经发行到一万七千份。这是当时我国报纸发行的最高纪录。

（三）新学和新政的宣传

比《时务报》稍后一些创刊的维新派报刊，主要的有康广仁等在澳门主办的《知新报》、严复等在天津主办的《国闻报》、唐才常等在长沙主办的《湘学报》和《湘报》等。这些报刊都是在1897年到1898年间创办的。

这些报刊各有特点，有的以刊载

新闻为主，有的以刊载政论为主。但也有共同之处，就是都很注意有关新学和新政的宣传。

新学，当时也称为西学，指从西方介绍过来的自然科学和资产阶级的社会政治学说，是为资产阶级的政治服务的。

在介绍和宣传新学方面，《国闻报》起过很重要的作用。它经常刊载从外国报刊上翻译过来的稿件，帮助读者了解外国的情况，增进有关新学的知识。严复翻译的《天演论》[2]，就是首先在《国闻报》馆出版的《国闻汇编》上发表的。

所谓新政，主要指戊戌变法[3]时期，维新派在组织政治团体、发展民族工业和文教卫生事业等方面的一些活动。这方面的宣传，以《湘报》最为突出。

《湘报》是湖南维新派政治团体——南学会的机关报。它大力提倡组织学会，开办学堂，设立医院；同时还鼓励省内的民族资本家投资修筑铁路、行驶客轮，发展采矿和机器制茶、缫丝等工业，在商业方面同帝国主义进行斗争。这些宣传，都促进了当地新政的发展，使湖南的变法活动开展得非常活跃。

在宣传新学和新政的过程里，这些报刊都曾经受到封建顽固势力的压制和打击。顽固派禁止天津水师学堂的学生给《国闻报》翻译稿件，指使暴徒殴打《湘报》的编辑人员等。

戊戌变法失败以后，维新派的报刊大部分被迫停办。但是，维新派又在国内外继续出版新的报刊宣传他们的主张。在国外出版的有《清议报》《新民丛报》等，在国内出版的有《时报》《岭海报》《京话日报》等。1902年在天津创刊的《大公报》也是主张维新变法的报刊，它的创办人叫英华，是一个满族的天主教徒。在政治上，他反对慈禧太后的顽固守旧。早期《大公报》刊载的攻击慈禧太后和揭露当时政治上的黑暗现象的一些文章，就反映了他的这一观点。早期《大公报》的文字比较通俗，不少新闻都是用北京话或天津土话编写的。这是《大公报》在当时能够吸引一部分读者的一个原因。在英华的主持下，《大公报》反对过外国教会和传教士对中国传教活动的控制，支持过1905年天津人民抵制美货的运动。但是，由于创办人和天主教的密切关系，它的反帝宣传是很不得力的。

注释：

①举人：科举制度规定，凡是参加乡试（在省会举办的考试）被录取的人，叫作“举人”。

②《天演论》原书叫《进化与伦理》，原作者是英国生物学家赫胥黎（1825—1895年）。这本书是把关于生物进化的原理用来解释社会发展规律和人们的相互关系。书里强调的“优胜劣汰”论，通过严复的翻译，在当时唤起

了人们的觉醒，激发了中国人民的爱国思想，起过很大的影响。

③戊戌变法：指1898年资产阶级维新派发起的政治运动。康有为、梁启超、谭嗣同等维新派得到光绪皇帝的信任，从6月到9月，发布了一批改革政治的法令。当时，军政大权掌握在以慈禧太后为首的顽固派手里，他们坚决反对变法。9月21日，顽固派发动政变，禁闭了光绪皇帝，杀害了谭嗣同等六人。康有为、梁启超逃亡到日本。戊戌变法就这样失败了。

四、民主革命的号角

（一）风起云涌的革命报刊

辛亥革命[①]是近代中国的一次反帝反封建的资产阶级民主革命。这次革命推翻了持续两千多年的君主专制制度，提高了我国人民的觉悟。领导这次革命的是以孙中山为首的资产阶级革命派。在组织武装起义的同时，他们也展开了广泛的报刊宣传活动。

资产阶级革命派创办的第一个机

关报，是1900年1月在香港创刊的《中国日报》。这是在孙中山领导下创办起来的。他亲自给这份报纸起了名字，采办了印刷设备。由于香港当局禁止他入境，他委派陈少白代为主持。

《中国日报》经常在它的新闻和通讯中揭露清朝政府的腐朽黑暗，攻击清朝官吏的贪赃枉法，鼓动读者用革命的手段推翻这个腐朽无能的政府。1905年以后，革命党人在两广地区发动了好几次武装起义。《中国日报》都及时地把有关起义的新闻加上大字标题在报上发表。重要的还立刻出版号外。

《中国日报》创刊不久，正在日本留学的革命知识青年也纷纷出版报刊，宣传革命。主要的有《江苏》《浙江潮》《河南》《四川》等。这些报刊主要发表政论文，有时也刊载一些文学作品。我国伟大的文学家、思想家和革命家鲁迅，当时正在日本留学。他曾经为《浙江潮》和《河南》分别写过《斯巴达之魂》《摩罗诗力说》等唤起人民觉悟和激发他们的爱国思想的小说和散文。

在国内，革命报刊的宣传活动也很活跃。不过在1905年以前，大部分革命报刊都集中在上海。其中，最著名的是《苏报》。

《苏报》本来是接近改良派的报纸，1902年以后才倾向革命，成为上海革命团体——中国教育会和爱国学社的机关报。著名的革命派宣传家章太炎和蔡元培等都经常给它写稿。它有一个专栏叫“学界风潮”，专门报道国内和留外学生的革命爱国活动，曾经先后发表十二篇文章，反对清朝政府镇压学生爱国运动。1903年，青年革命家邹容写了一本鼓吹革命的小册子《革命军》，在

《革命军》封面（1903年铅印本）

上海出版。章太炎给它写了一篇序，并在《苏报》的“新书介绍”栏作了介绍。章太炎又写了一篇批判改良、颂扬革命、内容十分激烈的《驳康有为论革命书》，在《苏报》上连续发表。这对资产阶级民主革命思想的传播起了很大的作用。这几篇文章发表以后，清朝政府立即串通上海英、美帝国主义租界当局，蛮横地封禁了这家报纸，并且判处章太炎三年徒刑，邹容两年徒刑。这就是我国近代史上著名的“苏报案”。后来，章太炎刑满出狱，继续参加革命派的报刊宣传工作；邹容却不幸在狱中病死了。

（二）同盟会的言论总机关

1905年，资产阶级革命派的各个革命团体，在孙中山的领导下，联合组成了中国同盟会（简称“同盟会”），确定了推翻清朝政府和建立资产阶级共和国的革命纲领。为了扩大革命的影响，同盟会成立不久，就创办了自己的机关报——《民报》。

《民报》是月刊，1905年11月26日在日本东京创刊。先后担任《民报》主编的有章太炎、陶成章等人。孙中山、朱执信、廖仲恺等著名革命党人都给它写过稿子。

《民报》刊头

《民报》很受读者欢迎。创刊号曾经重印五次，发行到一万七千多份。其中有一部分还被运销到国内，在拥护革命的知识分子中秘密流传。

1905年是俄国革命蓬勃发展的一年。《民报》很重视有关俄国革命消息的报道，从第三期起就陆续发表不少介绍俄国革命的文章和图片。目的在于告诉我国人民，只有像俄国人民那样用暴力同专制政府作斗争，才有出路。但是，《民报》的编者和作者对俄国革命的性质不很了解，他们把俄国各个阶级的政党都笼统地叫作“民党”，也分不清什么是布尔什维克和孟什维克[②]。

此外，《民报》还刊载过一些介绍马克思、恩格斯革命活动的文章，以及《共产党宣言》的一小部分译文。这些文章的作者是用资产阶级的观点来理解马克思主义的，他们对社会主义有很多误解。他们的文章在当时也没有引起革命党人的重视。

同盟会成立以后，改良派仍旧坚

持原来的立场，他们的报刊继续散布改良主义的主张，这种主张已经完全不符合当时形势的发展，成为革命的障碍，他们的宣传也就成为反革命的宣传了。为了肃清他们的影响，《民报》从第二期起同梁启超主办的改良派机关报《新民丛报》展开了一场激烈的论战。论战的主要问题是：要不要革命，要不要实行民主政治，要不要改变土地制度，等等。论战前后持续了两年。在这期间，革命派和改良派在国外各地的机关报全部投入了论战。经过这次论战，革命派取得了思想领导权，在理论战线上击溃了改良派。不少原来受改良主义思想影响的青年，在论战中受到教育，转向革命。但是，在论战中，《民报》也暴露了自己的一些弱点，最主要的就是没有提出彻底的反帝口号，对帝国主义还抱有幻想；不敢发动群众，害怕暴风骤雨般的群众革命运动。

1908年10月，《民报》刚出到二十四期，就被日本帝国主义以“破坏治安”的罪名查封了。这以后，它继续秘密出版了两期。为了转移日本警察的注意，这两期的发行处都注明是在“法国巴黎，濮侣街4号”，其实仍是在日本编印的。1910年2月，《民报》正式停刊，它一共出版了二十六期。

（三）遍布国内的宣传阵地

同盟会成立以后，资产阶级革命

派在国内的报刊宣传活动更为活跃了。

上海仍旧是革命派报刊活动的一个中心。这个时期，先后在上海创刊的革命报刊有《神州日报》《民呼日报》《民吁日报》《民立报》《天铎报》等十几家。其中以先后出版的三家“民”字头的报纸最为著名。

《民呼日报》创刊于1909年5月，它一开始就把矛头指向腐败无能的清朝统治集团。它只出了九十多天就被清政府串通租界当局查封了。同年10月，《民呼日报》又改为《民吁日报》继续出版。《民吁日报》除了继续揭发清政府的黑暗以外，还猛烈地谴责和揭露日本帝国主义侵占我国领土主权的种种阴谋活动。这使得日本帝国主义和媚外的清政府十分恼火。因此，《民吁日报》只出了四十八天，又被查封了。此后，它又改用《民立报》的名称，继续出版。《民立报》的言论仍很激烈，它的新闻版上设有“民贼小传”专栏，专门揭发各地反动官吏剥削和欺压人民的罪行。

著名的女革命家秋瑾主办的《中国女报》，也是那个时期在上海出版的。它的宗旨是提倡女权，鼓吹妇女解放和在妇女中宣传民主革命思想。这份刊物虽然只出版了两期，但是对促使我国妇女的觉醒，以及对当时妇女反对封建礼教束缚的斗争，起过积极的作用。

革命派除了在上海办报以外，还在广东、广西、湖南、湖北、贵州、河南、山东、四川、安徽、东北三省，甚至清朝中央政府所在地的北京等地，都办有报纸，宣传革命。其中，以在汉口出版的《大江报》最为著名。《大江报》是湖北革命团体文学社的机关报。它的一篇著名时评《大乱者救中国之妙药也》，号召人民起来动摇清政府的反动统治，很有鼓动性，发表以后，曾经轰动一时。主编人因此被捕入狱。

（四）对武装起义的支援

辛亥革命时期，革命派办的许多报馆还充当了革命党人联络、集会的场所。例如，同盟会的总部和南方支部就分别设在《民报》和《中国日报》馆的楼上。文学社和同盟会负责人关于组织武装起义的几次会谈，就是在《大江报》馆举行的。北京的《国风日报》、吉林的《长春日报》还曾经作为革命党进行地下活动的掩蔽所。当时，同盟会等革命团体是秘密的，而大部分革命报刊则是公开的，它们往往成为资产阶级革命团体同社会保持联系的桥梁。

革命党人在发动武装起义的时候，那些革命报刊还尽可能地给以物力上的支援。例如，香港的《中国日报》、新加坡的《图南日报》和加拿大的《大汉报》等，都曾经以报社的名义向读者发动募捐，把捐款汇给起义领导机关，充作经费。

国内出版的革命报刊帮助起义机

关通报消息，制造和转运军火，供应被服，招待革命党人住宿，实际上成为武装起义后勤机关的一部分。《中国日报》为了支援起义，在香港设立了五家招待所，专门招待来往联系和参加起义的革命党人。1906年为准备起义而发行的军用债票，1907年为潮州黄冈起义准备的旗帜，1910年为广州新军起义准备的传单和宣传小册子等，也都是由它秘密印制和代为缝制的。这家报馆还负责转运过起义所需要的一部分军火。它的四层楼曾经被借用为试制炸弹的场所。

此外，不少革命报刊的工作人员还直接拿起武器参加起义。《中国女报》的两个主编人秋瑾和陈伯平，就都是在发动武装起义的过程中牺牲的。黄花岗七十二烈士[3]中的林觉民，曾经是同盟会福建支部机关报——《建言日报》的主笔。有些革命报刊的印刷工人也积极参加武装起义。《星洲晨报》的李文楷就是其中的一个，他也是黄花岗七十二烈士之一。由于资产阶级革命派没有发动和依靠人民群众，他们的武装起义往往只是少数人的军事冒险，很少有成功的希望。但是，这些在反对封建君主专制制度的武装斗争中牺牲的报刊工作者，是值得后人纪念的。

（五）多种多样的宣传方式

这一时期，革命派报刊的宣传方

式是多种多样的。它们不仅善于在新闻和评论中鼓吹革命，而且善于利用报纸的副刊宣传革命。

从19世纪60年代起，国内有些报刊已经开始创办副刊。例如，《沪报》有《消闲录》，《申报》有《瀛寰琐记》，《新闻报》有《快活林》等。那些副刊的内容大部分是言情小说和游戏文字，除了供读者消遣以外，没有什么积极的意义。

革命派报纸的副刊就不是这样。第一份革命派报纸的副刊是《中国日报》的《鼓吹录》。《鼓吹录》每十天出版一期，内容有诗歌、戏曲、短文和连载小说等，大部分都是讽刺封建政府和激发读者民族民主革命思想的作品。

这以后，几乎每一家革命派报纸都办有副刊。上海《国民日日报》的副刊叫《黑暗世界》，用杂文等形式专门揭露清政府的黑暗。《民立报》的副刊固定在一个版面，设有刊头，内容却十分丰富，刊登的小说和寓言都具有革命思想。有一个小专栏叫《东南西北》，专门刊登三言两语的随感和短评，措辞非常尖锐，公开斥责媚外的政府官员是“卖国贼”，号召人民起来推翻这个反动政府。

为了加强革命宣传，不少革命报纸还配合新闻刊登了一些时事性的讽刺漫画。有的报纸如《民立报》《神州日报》等，还出版定期的画刊。这种无字的新闻，因为通俗易懂，往往能够引起读者的强烈反响，收到很大的宣传效果。

此外，新闻照片也开始成为革命报刊的一项重要内容。同盟会机关报《民报》在五年内就刊登过五十多幅照片。辛亥革命前后，革命报刊登载新闻照片的数量更多了，也更及时了。1911年10月25日，清政府驻广州的将军凤山被革命党人刺杀了。当天，广州几家革命派报纸的号外上都刊出了凤山遗尸的照片，大大地振奋了人心。

注释：

①辛亥革命：发生在1911年。那一年是农历的辛亥年，因此，那次革命叫

作“辛亥革命”。

②布尔什维克和孟什维克：1903年，俄国社会民主工党举行第二次代表大会。会上分裂成两派。拥护列宁的一派是多数，是坚持马克思主义的一派，当时叫作“布尔什维克”（即多数派）；反对列宁的一派是少数，是机会主义者，当时叫作“孟什维克”（即少数派）。

③黄花岗七十二烈士：1911年4月27日，同盟会在广州发动起义，不幸失败。在起义中，战斗牺牲和被捕以后遇害的烈士共有七十二人，后来合葬于黄花岗。因此，历史上称他们为“黄花岗七十二烈士”。

五、辛亥革命以后的报刊

（一）北洋军阀对报刊的限禁和迫害

辛亥革命推翻了清政府，结束了两千多年的封建帝制，但是，并没有取得反帝反封建的彻底胜利。革命的果实很快被大地主和买办资产阶级的代表袁世凯抢去了。

为了实行独裁统治，袁世凯用钱收买那些愿意为他效劳的报刊。对那些反对他的报刊，他就加上种种罪名，不准出版，并且把报馆封闭。北京的《国风日报》馆，就是被扣上“任意诬蔑政府”的罪名被封的。封闭的时候，袁世凯派出了一百多名军警，围住报馆，搜查罪证，拘捕它的负责人。主笔吴鼒虽然已经逃往天津，仍旧被袁世凯的北京军警执法处捕获并杀害。此外，广州《震旦报》的记者康仲荦、汉口《大江报》的主笔凌大同、《大汉报》的主笔余慈舫等，也都在袁世凯及其爪牙的迫害下被杀害了。

从1913年起，袁世凯先后颁布了《报纸条例》和《出版法》。任何报纸只要发表了对他不利的言论，都会被扣上“妨害治安”“泄露机密”“损害名誉”等任何一项罪名而被封闭。1915年，袁世凯又严禁各报“用过激之论损害中日邦交”，反帝竟也成了报馆被封的一项罪名。在袁世凯的统治下，全国一共有七十一家报馆被封，四十九家报馆受到法院的审讯，报刊工作者有二十五人被杀，六十人被捕入狱。报刊出版事业受到了比清朝末年还要严重的摧残。

广大人民对袁世凯的倒行逆施采用了各种各样的方式表示抗议。例如，袁世凯自封为皇帝以后，强迫各报改用他的“洪宪”帝号纪年。不少报刊拒绝使用，有些报纸故意把“洪宪纪元”这四个字用最小的字排印在报头下面，作为对他的嘲讽。袁世凯为宣传帝制而创办的《亚细亚报》，也受到人民群众的抵制。这家报馆在上海曾经两次被人投掷炸弹，编辑主任刘竺佛几乎送命。不久，这家报纸也自行停刊了。

袁世凯死了以后，北洋军阀的各个派系争权夺利，先后掌握政权。报刊出版事业仍旧受到严重摧残。

首先上台的是以段祺瑞为首的皖系军阀[①]。在他的统治下，袁世凯时期颁布的各种限制报刊的禁令，全部继续有效。此外，皖系政府还颁布过一部《报纸法》来限制报刊的活动。仅1917年一年内，全国就有十八家报纸被迫停刊，十七名报纸编辑被捕，其中有六名还受到军棍的刑辱。

皖系军阀下台以后，直系、奉系

军阀[②]先后上台。这两派军阀对报刊出版事业的摧残也不在皖系之下。报纸被封和记者被杀的事件，几乎月月都有。上海《申报》记者许蔼如、青岛《公民报》记者胡信之、北京《社会日报》社长林白水、北京《京报》社长共产党员邵飘萍等，就都是在他们的屠刀下被害的。

北洋军阀所迫害的只是革命的、进步的和反对他们的报纸，那些甘心给他们捧场的报纸是不会受到迫害的。他们还直接出钱创办或收买一些报纸，作为自己的喉舌。例如，皖系军阀办有北京《晨报》、直系军阀办有《京兆时报》、奉系军阀办有《东方时报》等。其中，《东方时报》的组织完全军事化和衙门化，有少将社长、上校总编辑等头衔，官派十足。广大人民都鄙视这些报纸，它们只是靠强迫订阅和发给赠品的办法，才勉强维持出版的。

（二）新阶段的开始

就在北洋军阀的黑暗统治时期，我国工人阶级的力量逐渐壮大起来。随着革命形势的不断发展，我国报刊的历史进入了新的阶段。

早在五四运动[③]前夕，以陈独秀、李大钊、鲁迅为代表的一部分激进的革命民主主义者，就开始了革命宣传活动。他们高举起“民主”和“科学”的旗帜，向形形色色的封建教条展开了猛烈的冲击。1915年创刊的《新青年》和1918年创刊的《每周评论》是他们的主要阵地和论坛。这两种刊物勇敢地进行了反帝反封建的宣传，热情地歌颂了俄

《新青年》第七卷第六期“劳动节纪念号”的封面图案（1920年5月1日出版）

国十月社会主义革命的伟大胜利，促进了马克思主义在中国的传播，成为当时最负盛名的革命民主主义报刊。

五四运动以后，以马克思主义为主流的新思潮广泛传播，民主革命运动进一步开展，全国各地涌现了大批革命报刊，著名的有：北京的《五七日刊》、《少年中国》月刊、《北京大学学生周刊》，上海的《全国学生联合会日报》，天津的《天津学生联合会报》《觉悟》，武汉的《学生周刊》，四川的《星期日》，湖南的《湘江评论》等。其中，影响最大的是毛泽东同志主编的《湘江评论》。这份刊物以大无畏的革命精神，联系中国革命的实际，宣传了朴素的辩证唯物主义思想，有力地

湘江評論

Weekly Review

第三號

《湘江评论》创刊号

推动了中国革命运动的开展，为中国共产党的建立做了舆论上的准备。周恩来同志主编的《天津学生联合会报》和在他领导下编辑出版的《觉悟》，积极宣传新思潮，具有明显的社会主义倾向，也是这一时期很有影响的革命报刊。

《觉悟》杂志第一期封面

1921年中国共产党成立以后，在党中央的直接领导下，先后在全国各地创办了一大批无产阶级的机关报刊。主要的有：第一次国内革命战争时期（1924—1927年）在上海等地出版的《向导》《中国青年》《热

The Guide Weekly.

嚮導

週報

本報宣言

《向导》第一期

血日报》；第二次国内革命战争时期（1927—1937年）在苏区出版的《红色中华》《斗争》《青年实话》，在白区出版的《布尔什维克》《红旗日报》；抗日战争时期（1931—1945年）和第三次国内革命战争时期

（1945—1949年）在解放区出版的《新中华报》《解放日报》《中国工人》《共产党人》，在国民党统治区出版的《新华日报》、《解放》周刊等。这些报刊全面地宣传了党在各个时期的纲领、路线、方针和政策，动员全国人民团结在中国共产党周围，为推翻三座大山，夺取新民主主义革命的伟大胜利而斗争，充分发挥了革命报刊对革命工作的组织、鼓舞、激励和推动作用。

这些报刊还先后同鲁迅、韬奋参加主编的《语丝》、《莽原》、《生活》周刊、《大众生活》，国民党左派掌握下的《民国日报》，以及进步民主人士主办的《新生周刊》《光明日报》

《文汇报》等报刊一道，结成反对帝国主义、反对封建军阀、反对国民党反动派的统一战线，为新中国的诞生而大声呐喊。

《生活》周刊刊头

为了同革命的报刊相抗衡，这一时期，国民党政府也在他们统治的地区大办反动报刊，进行反革命的舆论宣传。这类报刊，据1947年的统计，总数在一千种以上。其中最大的两家，就是在国统区十几个城市设有分版的《中央日报》和《扫荡报》（后改名为《和平日报》）。它们惯于造谣惑众，歪曲事实。这些臭名远扬的报刊，理所当然地受到广大人民群众的唾弃。

注释：

①皖系军阀：皖，就是安徽省。段祺瑞是安徽合肥人，以他为首的这派军阀就称皖系军阀。

②直系、奉系军阀：直，就是直隶，现在的河北省。冯国璋是河北河间人，以他为首的这派军阀就称为直系军阀。奉，就是奉天，现在的辽宁省。张作霖是辽宁海城人，以他为首的这派军阀就称为奉系军阀。

③五四运动：发生在1919年5月4日，因此叫作五四运动。这是我国人民彻底反对帝国主义和封建主义的伟大革命运动。五四运动促成了马克思列宁主义同中国工人运动的结合，在思想上和干部力量上为1921年中国共产党的成立做了准备。

六、新中国成立以来的报刊[1]

新中国成立以后，关闭了有帝国主义侵略者背景的报纸和国民党系统的报纸。通过公私合营等方式，对少数民办的报纸进行了社会主义改造。党中央的机关报《人民日报》迁至北京出版，各省地市委的机关报也陆续在北京、上海等城市和省地市创刊。同时，建立起了在中国共产党集中领导下，由各级党委机关报、部队报、行业报、民众团体报和民主党派报共同组成的社会主义报业体系。这些报纸在党的领导下，坚持为人民服务，坚持为党的工作大局服务，坚持正确的舆论导向，坚持真实性的原则和实事求是的原则，严格遵守党的政治纪律和宣传纪律，当好党和人民的耳目喉舌，为建设有中国特色的社会主义，做出了巨大的贡献。中国新闻传播事业的发展，是与国家和社会的发展同步的，随着建设中国特色社会主义事业的发展而不断前进。

新中国新闻事业的第一个三十年，是新中国宣告成立和由社会主义改造转向全面建设社会主义的时期。其间，我们完成了对私营报刊和广播电台的社会主义改造，建立了新闻事业的社会主义体制，建立了具有社会主义性质的公营新闻事业系统，建立起了以党报为主体的公营报刊网和国家通讯社网、国营广播电台网。1958年以后，又开创了新中国的电视事业。1950年全国专区以上报纸的总数为179家，1952年为276家[②]，1955年为392家[③]，这是新中国成立初期的情况。此后，随着经济建设的发展，逐年递增，1960年一度达到1274家。[④]这一时期，广播电台由新中国成立初的少量私营台和国营台，发展到1957年的61座和1960年的135座全部国营台；电视台由1958年的1个，发展到1966年底的13个。与此同时，还继承和发扬了革命战争时期形成的全党办报等优良传统，紧密配合党和政府的中心工作，通过对国家重点建设成就的报道、人民群众中的先进人物先进事迹的报道以及国家重大政治、军事、外交活动的报道，充分发挥了新闻媒体在组织、鼓舞、激励、批判、推动等方面的巨大作用。

这一时期的新闻事业也有过失误和挫折。“文化大革命”中，报纸的出版受到极大影响。包括在“左”的思想影响下，错误地发动了多次学术思想的批判运动，阻碍了学术文化研究的正常开展；在典型人物的报道中，容忍虚构细节和合理想象，违反了真实性的原则；在“大跃进”的报道中，乱放“卫星”，助长了浮夸风，等等。“文化大革命”中，报纸一度为“四人帮”所掌控，数量最低的时候，只剩下了42家。整个新闻事业陷入了低谷。

新中国成立初期，报纸的经营管理问题曾经引起过主管部门的重视。为了解决全国公营和民营报纸的经营亏损问题，新成立的中央人民政府新闻总署曾经召开过一个全国报纸经理会议，通过了一项《关于报纸经营的决议》，规定全国报纸都必须实行“企业化”的经营方针。此后不久，经过社会主义改造，私营报纸相继改组，转为公营，新闻总署撤销，不设专门的政府机构管理报纸，报纸经营管理问题也不再列入政府议题。“一五”以后，全国的经济纳入计划经济的轨道，报纸的经营管理也按计划经济的模式运作。经费按主管部门核定的预算，逐月或逐季拨付，统由国库开支。基建和增添设备的费用另行申报，专款专用。由于生产资料按计划调拨，生活资料按计划供应，除了书刊出版、文艺演出以及少量公告之外，根本没有什么广告，报纸除了发行的收入之外，没有其他的进账。事业的发展，只能按国库拨款的多少，量入为出，没有多少回旋的余地。这种情况一直维持到改革开放以前。

新中国新闻事业的第二个三十年，是新中国拨乱反正，进入改革开放新时代的三十年，也是人民的新闻事业迅猛发展的三十年。粉碎了“四人帮”，解除了“左”的思想禁锢，实行了以经济建设为中心，在城乡实行了家庭联产承包制、多种所有制并存的市场经济，建设了沿海经济特区，加入了世界贸易组织（WTO），这一切，都极大地促进了中国经济的繁荣，提高了中国的综合国力，也极大地推动了新闻事业的发展。

1978年十一届三中全会以后，由于执行了“一个中心、两个基本点”的国策和建设有中国特色的社会主义市场经济的基本路线，情况有了翻天覆地的变化。按照马克思早就提出的新闻媒体既有上层建筑的性质，同时也有经济基础的性质的观点，新闻传播事业正式被纳入社会主义市场经济的轨道，实行企业化，使新闻媒体既是党和人民的喉舌，也是一个个独立核算的经济实体。

随着观念上的变化，新闻传播行业内进行了一系列的改革。新闻报道的思路更加开阔，新闻的信息量不断扩大，媒体的服务功能全面拓宽，多种经营蓬勃发展，在媒体之间和媒体内部引进了竞争机制，结构和布局也根据市场和受众的需要做了适当的调整。经过近二十年的改革，中国的新闻事业以前所未有的速度迅猛发展，已经形成了一个多层次、多品种、多特色的媒体结构。

改革开放后，报纸的出版又重新恢复，并一直保持着旺盛的增长势头。80年代初期出现了第一个高潮，1980年1月至1985年3月的五年多时间里，曾经平均每一天半就有一家报纸创刊。1985年的全国报纸总数达到2191家。90

年代初期出现了第二个高潮，晚报重整旗鼓，纷纷“飞入寻常百姓家”。都市报和各级党报创办的内容繁多且各具特色的各种子报，成为报坛上的新秀。1995年的全国报纸总数一度达到2202家。此后，经过适度调整，到2000年基本上稳定在2053种左右。而期发数达9350万份，则遥遥领先于其他国家，成为世界之冠。广播覆盖了全国。电视覆盖率达95.81%，营造了全世界最大的受众市场。

综上所述，发展的过程虽然有曲折，但发展的趋势十分明显。只用了一百年的时间，中国报纸的总数即由1901年的125家增加到2053家，增加了约15.42倍。这在世界各国新闻史上，是十分罕见的。应该指出，这只是单就报纸的种数而言，并没有涉及报纸的印数。20世纪初的那些报纸印数极少，1901年全国125家报纸的总印数不会超过10万份，而新中国成立以后出版的报纸的印数动辄以亿计，1950年为8亿，1980年为163亿，1999年为300亿。[⑤]后一个数字是1901年全国报纸印数的30万倍。如果按照这一方式来比较的话，中国报纸发展的速度更为惊人。报纸种类中，既有日报，也有早报、午报、晚报；既有各级党和政府部门的机关报，也有行业报、专业报、都市报、农村报，以及经济、法制、科教文卫和社会生活等各方面的报纸。力图全面地满足不同职业、不同文化层次的受众的需要。

为了发挥群体的优势，加强新闻传播媒体的现代化经营，1996年出现了全国第一个报业集团——广州日报报业集团。截至2000年10月中旬，全国已有16个报业集团。这种报业集团不同于以追逐利润为唯一目标的资本主义报业集团，而是在产业属性之外，兼有国家属性、政治属性、时代属性，具有中国特色的社会主义现代化报业集团。截至2017年12月，全国共出版报纸1884种，平均期印数1869.49万份想，其中全国性和省级报纸981种，地市级报纸884种，县级报纸19种。全国共出版期刊10130种，平均期印数13085万册。⑥

改革开放以来的中国新闻事业，

各种新闻媒体立足国内，面向世界，在宣传贯彻党的路线、方针、政策，弘扬主旋律，歌颂人民群众在改革和建设中的奋斗业绩等方面，做了大量的工作，发挥了重要的舆论引导作用。

※ ※ ※ ※ ※ ※ ※ ※ ※

互联网络的发展，标志着新闻传播活动已进入一个崭新的时期。过去的一个世纪，是新闻传播事业飞速发展的一个世纪，也是新闻传播事业的科技含量不断提高的一个世纪。从印刷报纸，到有线电报，到无线电广播，到电视，到互联网络和电子报刊。所有这一切科技手段上的改进，只用了一个世纪就完成了。发展是加速度的：印刷报纸从诞生到完善，从雕版到活字版，从铅印到胶印，从黑白到彩色，从平板印刷机印刷到轮转印刷机印刷，用了1000多年的时间。而由有线电报发展到无线电报，由无线电报发展到无线电广播，由无线电广播发展到电视，由电视发展到网络和电子报刊，都只用了不到30年的时间。投入商业应用的进程也是加速度的：从开始营运到拥有5000万用户，报纸花了近1000年，广播花了38年，电视花了13年，互联网只花了4年。

起初电脑网络经常被使用的有两大部分：资料库和信件箱。伴随着电子信件（E-mail）的出现，电子报纸（Electronic Newspaper）应运而生。这是在电脑网络的基础上，利用电子网络和电子信件发展起来的一种新的新闻媒体。电子报纸和电子信件是一对孪生兄弟。电子报纸的诞生和发展是20世纪90年代中期的事，它首先产生于美国。美国新闻界首先实现了报纸的电子版，继美国之后，其他国家和地区也相继出现了报纸的电子版，如香港的《星岛日报》和新加坡的《联合早报》。报纸电子版的出现是竞争的产物，是报纸面临着广播电视的竞争和纸张、印刷、邮发费用急剧增长等困难，企图从电子化方面找出路的结果。电子版报刊和印刷报刊相比有费用低、时效快、容量大等优点，可以省去印刷、发行等手续和费用，还可以24小时不间断地更新内容。

继电子版报刊之后，陆续出现的是电子报纸与电子刊物。1995年7月22日，美南报业传播机构在美国正式推出中文日报——《环球电子日报》；1991年4月5日创刊的《华夏文摘》，被称为“全球首家中文电脑期刊”。时至今日，互联网带给全世界新闻传播领域的是一场深刻的革命。它集报纸、期刊、电台、电视台等传播媒体的功能于一身，并加以优化。从而在传播速度、信息量、覆盖面等方面，都对普通媒体提出了挑战。电脑已经成为公认的“20世纪至尊的发明品”，网络则成为公认的“第四媒体”。

在中国，互联网络发展得很快。1987年才开始有第一个中国人接触互联网。经过10年，到1997年，中国上网的电脑数就达到29.9万台，1998年增至54.2万台，1999年再增至146万台，2000年1月份则达到350万台，3年内增加了近11倍。中国上网的户数也由1997年的62万户，猛增到2000年1月的890万户，3年内增加了13倍多。截至1999年7月，中国新创的网络报刊已达250家。网络和手机开始成为媒体中的新宠。据中国互联网络信息中心统计，2009年网民总数已经达到3.38亿，手机网民的总数也已达到1.55亿，手机已经发展到3G，出现了手机报和与电视联网的手机视频。广告已经成为媒体收入的重要来源，媒体经济日益受到重视，新闻传播产业已经成为名列前茅的国民经济主导产业。截至2019年6月，我国网民规模达8.54亿，手机网民的规模达到了8.47亿，手机网络技术发展到了5G，网络视频用户规模达7.59亿，占网民整体的88.89%。⑦

随着网络科学技术的发展，网络在人们的政治经济文化和社会生活中已经无所不在，范围越来越广，作用及影响越来越大互联网络对传统的新闻传播事业的影响是不言而喻的。但是，就与广播和电视不能取代报纸一样，互联网络也同样不能取代报纸、广播和电视等传统的媒体。

传统的媒体（主要是报刊）正在迎接网络的挑战，并积极地利用最新的网络科学技术来壮大和完善自己。主要表现在以下两个方面：

首先，是利用网络技术创办网络报刊，即电子报刊或称报刊的电子版。中国从1993年起就开始尝试报纸的电子化，第一份试刊报纸电子版的是《杭州日报》，距美国第一家电子报刊（《圣何塞信使报》）的创刊只有6年。第一家专业化的上网电子刊物是1995年创刊的《神州学人》。到1999年初，全国已有127家报刊发行了电子版。其中，以《人民日报》的电子版发展得最快，它创刊于1997年1月1日，已经成为中国国内信息量最大、更新速度最快的新闻媒体网站。它囊括了《人民日报》系统的十家报刊的全部信息，并根据时事报道需要，及时推出新的信息，每天从凌晨4时至晚上21时更新15次新闻。起初存有约18MB（兆字节）约900万汉字的数据量，流量最高的一天达到40GB（千兆字节），相当于200亿个汉字的信息量。1999年科索沃危机爆发期间，它的最高网页访问量（pageview）曾达到124万，最高日点击量达到1258万次，在全世界的中文报刊电子版中首屈一指。此外，新华社的网站和《光明日报》《证券时报》的网络版，也都以内容取胜，深受网民的欢迎。其次，是利用网络技术通过互联网来采集新闻和有关的信息。报纸从互联网上取得大量的新闻资料，以此为基础改写成新闻或大块文章，已经不是什么秘密。

互联网络已经向我们走来，它对

中国新闻事业的影响，是此前的传播手段所难以比拟的。但挑战与机遇并存。只要充分地利用了最新的网络科技，包括互联网在内的新旧媒体是可以并存的。只要充分地掌握最新的网络技术，为我所用，中国的新闻事业必将在新的形势下得到更大的发展。

※ ※ ※ ※ ※ ※ ※ ※ ※

新中国的新闻事业史，是一部披靡横前、气象万千、姹紫嫣红、葳蕤多姿的历史。新中国的报纸强调政治家办报，强调政治意识，具有很强的政治色彩。不论古今中外，新闻传播与政治的关系历来十分密切，新闻传播制度向来都是政治制度的一环。但像中国近百年来的新闻传播事业这样，如此密切地和各时期的政治保持着联系，在世界新闻传播史上，也是比较突出的。数十载风雨兼程，我们伟大的祖国已站在更高的历史起点上，迈向新的辉煌征程。我们的新闻事业作为国家软实力的一部分，也将会得到进一步的发展和提高。

※ ※ ※ ※ ※ ※ ※ ※ ※

我国报刊的历史说明：报刊是一种政治性很强的宣传武器。统治集团和帝国主义者需要利用它，被统治阶级和社会进步力量也要利用它。

注释：

①本部分内容是经方汉奇教授同意，根据《新中国六十年新闻事业》（《新闻战线》2009年第10期）及《方汉奇文集（增订版）》下（清华大学出版社2018年版）中的《中国新闻传播事业一百年》《改革开放以来的中国新闻事业》《电脑网络、电子信和发展中的电子报刊》《互联网络与中国新闻事业的发展》等文章整理而成。由衷感谢中国新闻史学会会长、中国人民大学新闻学院副院长王润泽教授在此过程中所提供的宝贵建议和无私帮助。

②据国家统计局发布的统计数字，见《人民日报》1953年9月29日。

③据第三次报刊推广工作会议公布的数字，见1956年3月9日新华社所发消息。

④见《中国大百科全书·新闻出版卷》，中国大百科全书出版社1990年版，第485页。

⑤见《光明日报》1999年9月22日所刊《中国记协负责人答本报记者问》。

⑥见中国新闻年鉴社编：《中国新闻年鉴（2018）》，中国新闻年鉴社2018年版，第813页。

⑦见第24次《中国互联网络发展状况调查统计报告》和第44次《中国互联网络发展状况统计报告》。

出版说明

“新编历史小丛书”承自20世纪60年代吴晗策划的“中国历史小丛书”，其中不少名家名作已经是垂之经典的作品，一些措辞亦有写作伊初的时代特征。为了保持其原有版本风貌，再版过程中不做现代汉语的规范化统一，读者阅读时亦可从中体会到语言变化的规律。

“新编历史小丛书”编委会

图书在版编目（CIP）数据

报刊史话 / 方汉奇著. -- 贵阳：贵州人民出版社，2023.12
（新编历史小丛书. 史话）
ISBN 978-7-221-18104-6

Ⅰ. ①报… Ⅱ. ①方… Ⅲ. ①报刊－新闻事业史－中国－近现代 Ⅳ. ①G219.295

中国国家版本馆CIP数据核字(2023)第211025号

新编历史小丛书 · 史话

报刊史话

BAOKAN SHIHUA

方汉奇 ◎著

出 版 人 朱文迅
责任编辑 左依祎
装帧设计 陈 电
责任印制 蔡继磊

出版发行 北京出版集团 文津出版社
贵州出版集团 贵州人民出版社
地 址 贵阳市观山湖区中天会展城会展东路SOHO公寓A座
印 刷 贵州新华印务有限责任公司
版 次 2024年2月第1版
印 次 2024年2月第1次印刷
开 本 880 mm × 1230 mm 1/32
印 张 3.5
字 数 30.4千字
书 号 ISBN 978-7-221-18104-6
定 价 24.80元